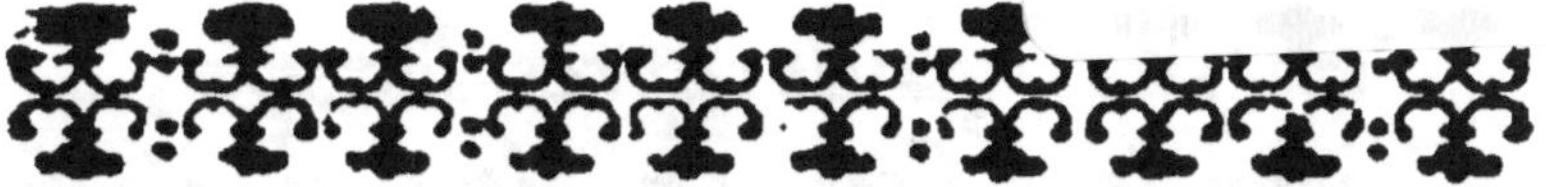

SOMMAIRE
DU CONTENU
EN CETTE LETTRE.

L'Auteur, Chef d'une Troupe de Comédiens, se félicite dans l'espérance qu'il a de revoir dans peu sa Patrie & sa Famille, page 1. *Après avoir passé cinq mois à Genes, lui & sa Troupe s'embarquent dans deux Felouques Genoises*, 2. *Leur Navigation est heureuse, & en peu de tems ils apperçoivent les Forteresses de Monaco*, 3. *A l'approche de cette Ville, ils sont surpris d'une horrible tempête*, ibid. *Leur embarras de se trouver au milieu de la nuit, en pleine Mer*

& ſans guide après l'orage, 4. *Le jour leur fait connoître où ils ſont, ils remettent leurs Femmes de leur frayeur, & s'amuſent à contempler la Mer*, 5. *Ils apperçoivent deux Barques Françoiſes en Mer, à la manœuvre deſquelles ils ne font point attention*, ibid. *Leurs Matelots ſont ſurpris de voir ſortir des Tuniſiens de ces deux Barques*, ibid. *Ils tâchent à les éviter, mais malgré leurs efforts, ils ſont pris, liés, tranſportés dans une de ces Barques, & mis à fond de cale*, 6. *Leur état dans cette triſte ſituation*, 7. *Deux heures après, ils ſont viſités par ordre du Capitaine, par un Matelot François Renégat, qui leur fait pluſieurs queſtions ſur leur Pays & ſur leur état*, 8. *L'Auteur répond à ſes queſtions, le Renégat leur avouë qu'ils vont être Eſclaves, leur promet d'adoucir le plus*

LETTRE D'UN COMÉDIEN, A UN DE SES AMIS,

TOUCHANT

Sa Captivité & celle de vingt-six de ses Camarades chez les Corsaires de Tunis ; & ce qu'ils sont obligés de faire pour adoucir leurs peines.

AVEC

UNE DESCRIPTION HISTORIQUE & exacte de la Ville de Génes, d'où ils sortoient lorsqu'ils ont été pris au mois de Septembre dernier.

A PARIS,
Chez PIERRE CLEMENT, Libraire, Quay de Gêvres, du côté du Pont Notre-Dame.

M. DCC. XLI.
Avec Approbation & Permission.

AVERTISSEMENT.

CETTE Lettre a été rendue à Marſeille par un Matelot François, depuis deux ans Eſclave à Tunis. On n'y a rien changé, pas même la dureté & la négligence du ſtyle. Le Lecteur doit ſe prêter au peu de talent d'un malheureux qui raconte au vrai ſes infortunes. On a ſeulement jugé à propos de retrancher de cette Lettre pluſieurs détails de Famille, ſans ſe donner la peine de rectifier les fautes qui y ſont répandues.

qu'il pourra leur situation, & leur fait apporter des rafraîchissemens, 9. & suiv. *Il revient une seconde fois les exciter à moderer leur douleur, & leur dit que Mehemet leur Maître a été touché de leur sort, & qu'ils doivent tout espérer de ses bontés, lorsqu'ils seront arrivés à Tunis où on les conduit*, 10. *Au mot de Tunis, toute la Troupe se replonge dans la douleur*, ibid. *A la vûe de la Côte, ils sont surpris d'un nouvel orage, qu'ils regardent comme le but de leurs infortunes; mais le tems redevenu calme, ils mouillent l'ancre*, 11. *Ils sont de nouveau visités par le Renégat, à qui le Chef de la Troupe demande ce qu'ils vont devenir*, ibid. *Il leur dit qu'ils vont être débarqués; qu'eux & leurs Equipages seront partagés en trois portions égales, qui seront tirées au sort pour être partagées entre le Bey, le Maître de la Barque & le Capitaine*, 12. *Ils sont transportés à terre, conduits à la Ville dans une espéce de Chariot, & enfermés sous une Halle où on leur sert toutes sortes de provisions*, 13. *Les Corsaires qui n'ont pas eu le loisir d'examiner les Equipages, sont surpris à l'ouverture du premier Coffre d'y trouver tous les Instrumens de Comédiens, qu'ils ne connoissent pas, ce qui leur donne encore plus de curiosité*, 15. *Leur surprise augmente à la vûe d'une Boëte remplie de Masques, & de plusieurs morceaux de Décorations dont ils ignorent l'usage*, ibid. & suiv. *Le Renégat François arrive dans le tems que les Corsaires font cette visite, & leur en explique le mystere*, 16. *Il félicite le Comédien sur sa Profession, & lui fait esperer & à sa Troupe que malgré leur Es-*

clavage, ils pourront vivre heureux, 17. & suiv. *Il leur dépeint le caractere du Bey, leur recommande de le divertir, & d'employer tous leurs talens pour le faire rire*, 18. *La Troupe tient conseil, comment ils pourront divertir le Bey qui n'entend point leur Langue, & ils décident qu'ils joueront des Pantomimes*, 19. *Le Chef des Comédiens s'informe de son Protecteur de la maniere de vivre des Tunisiens, de la barbarie qu'ils exercent sur leurs Esclaves, & enfin des particularités de son Esclavage, ce que le Renégat lui conte*, 20. & suiv. *A peine il a fini son Histoire, qu'on vient les avertir de se parer pour paroître devant le Bey*, 25. *Les Femmes de la Troupe craignent de lui plaire, ou à quelques-uns de ses Favoris, s'accommodent négligemment, & sont tous conduits au Palais du*

Bey, 26. *Le Renégat lui explique ce qu'ils ſavent faire, il en paroît ſatisfait, & lui ordonne de les faire tenir prêts pour le ſoir*, ibid. *Le Renégat vient leur apporter cette nouvelle, & leur dit qu'il va faire dreſſer un Théatre*, 27. *Les Comédiens ſe voyant ſeuls, admirent les caprices de la Fortune, & prévoyent les riſques qu'ils courent; s'ils dépiaiſent au Bey*, ibid. *Ils déliberent de jouer en Pantomime* Arlequin Statue & Perroquet; *dont ils répetent quelques Scénes*, 28. *Le Renégat ſuivi de pluſieurs Officiers & Eſclaves, les vient avertir que dans quatre heures le Théatre ſera prêt*, ibid. *L'heure arrivée, les femmes entrent ſur la Scéne; & Pantalon, qui, par ſes ſingeries ſemble divertir le Monarque; mais, lorſqu'il voit paroître Arlequin, lui & toute ſa Cour s'en-*

fuyent en poussant des cris effroyables, 29. *Dans le tems que les Acteurs cherchent la cause de cette fuite précipitée, une foule de Soldats les viennent saisir, les lient & les conduisent séparément dans des prisons*, ibid. *Le Comédien fait réfléxion sur sa malheureuse situation*, 30. & suiv. *Au bout de trois jours il est conduit dans une Maison de Campagne, & employé à tirer une charue & à labourer un grand clos*, 31. *Peu de tems après, il est visité par le Renégat, qui lui dit, que le Bey les rappelle*, 32. *Le Comédien s'informe de ce qui a causé leur malheur, & le Renégat lui conte que le commencement de leur Piéce a réjoui le Bey, mais que l'arrivée d'Arlequin, avec son visage noir, l'avoit fort effrayé, & qu'il l'a pris pour un Diable; que les femmes de la Troupe ont été placées dans un quartier séparé du Palais, & que ses Camarades ont été dispersées, ainsi que lui, dans des Maisons de Compagne,* 33. *Que sur le champ il n'a pû expliquer au Bey ce qui a causé sa frayeur, à cause de sa colere; mais, que l'ayant trouvé plus traitable, il lui a montré le Masque d'Arlequin qui lui avoit causé tant de surprise; & qu'enfin il lui a accordé leur délivrance, & qu'il consent à revoir leurs Divertissemens, mais qu'ils eussent soin de supprimer les Masques,* 34. & suiv. *Toute la Troupe se trouvant rassemblée, ils s'entretiennent des différens emplois ausquels ils ont été occupés pendant leur absence, n'y ayant eu qu'Arleqnin qui fût resté dans son cachot,* 36. *Les femmes content que le lendemain de leur catastrophe le Bey les étoit venu visiter; qu'ayant trouvé la fille d'Ar-*

lequin à son gré, il lui avoit offert des présens, qu'elle avoit refusés avec autant de mauvaise humeur que ses caresses; que le Bey n'étant pas accoutumé à des refus, en avoit marqué son ressentiment, & avoit tourné ses vûes sur une autre, qui n'y avoit répondu que par des pleurs & des sanglots; & qu'enfin le Monarque rebuté, ne leur avoit pas rendu une seconde visite, ibid. & suiv. *Caractere des femmes de cette Troupe*, 38. *Situation actuelle de la Troupe à Tunis*, 39. *Relation de la Ville de Génes*, 40.

LETTRE

LETTRE D'UN COMEDIEN,

TOUCHANT sa captivité & celle de vingt-six de ses Camarades, chez les Corsaires de Tunis, avec une Description Historique & exacte de la Ville de Génes..

De Tunis, ce 2. Octobre 1741.

APRE'S avoir été si longtems éloigné de ma Patrie, je voyois avec un plaisir inexprimable arriver le moment qui devoit me rendre au sein de ma famille. Je joüissois d'avance de la satisfaction que je devois goûter à embrasser mes anciens amis, & vous, mon cher D.... en particulier ; mais le Ciel qui se rit de nos projets, se plaît souvent à les faire évanouir. Vous vous étonnerez, sans doute, de me voir dans les réfléxions ; cependant il m'est bien permis de m'y livrer dans le triste état où m'a plongé le sort.

Après avoir passé cinq mois dans la Ville de Genes, l'instant flatteur de notre départ se trouvoit fixé, & peu de jours après devoient nous faire voir les fameuses Côtes de Provence. En effet, mes Camarades & moi, au nombre de vingt-sept, y compris cinq petits Enfans, nous partîmes le Lundy quatorziéme du mois de Septembre dernier, dans deux Felouques Genoises, ordinaire commodité de ceux qui paſſent de la Côte d'Italie à Toulon ou à Marſeille. Jamais tems plus ſerein n'a promis une agréable Navigation : un Vent paiſible & favorable ſembloit nous faire gliſſer rapidement au milieu des Eaux ; la Mer ſembloit dormir, afin de faciliter notre Voyage : enfin, nous appercevions déjà les Forteresſes de Monaco, lorſqu'un terrible Vent de Mer s'éleve, broüille les Eaux, & excite une Tempête des plus furieuſes. Le tonnerre, les éclairs, la pluye, la grêle, tout ſembloit ſe joindre afin de nous abîmer. Pour comble de diſgrace, l'unique Mât ſe briſe, les Cordages ſe rompent, tout s'effraye ; les Paſſagers, les Matelots, qui, au lieu de gagner la Terre à force de rames, ſe mettent à pouſſer des cris épouvantables.

Jugez de l'état déplorable de

plusieurs Femmes, de quantité d'Enfans, & d'Hommes, moins tremblans pour leur vie que pour celles de leurs Epouses, de leurs Sœurs, ou de leurs Enfans. La Tempête redoubloit toujours, & chaque moment sembloit être le dernier de notre vie. Je ne crois pas qu'il se soit passé sous le Ciel d'instans plus cruels & plus affreux. L'orage dura sept heures, & ne nous quitta qu'au milieu de la nuit. Autre embarras! En pleine Mer, le Ciel chargé de nuages, & sans Boussole: & sur-tout dans un frêle Bâtiment qu'on ne fait aller pour l'ordinaire qu'à force de rames. Quelle route suivre! Que faire! C'est ainsi qu'agités par mille inquiétudes, dont la moindre ne tendoit qu'à se sauver la vie; c'est ainsi, dis-je, que nous passâmes le reste de cette triste nuit. Enfin, avec une joye infinie, nous vîmes arriver le point du jour, & nous reconnûmes que nous étions encore à la hauteur du Château de Monaco.

Après nous être un peu refaits de la fatigue passée, & avoir remis nos Femmes de leur frayeur, nous nous amusâmes à contempler la Mer. A la même hauteur que nous, mais à une portée de canon de nos Felouques, étoient deux Barques Françoises, qui sembloient profiter du Vent pour doubler de notre côté. Nous ne fîmes d'abord nulle attention à toute leur manœuvre pour nous mettre sous le Vent. Mais quand ensemble nous eûmes passé la Baye de Monaco, quelle fut la surprise de nos Matelots, de voir jetter les Chaloupes en Mer, & de reconnoître des Tunisiens qui se précipitoient dedans avec des cris épouvantables. Nous tâchâmes, mais vainement, de regagner la Côte, les Corſaires plus legers & plus habiles que nous, nous eurent bien-tôt atteints.

Vous penſez bien que dans cette occaſion nous n'oubliâmes rien pour ſauver & notre vie & notre liberté : mais que peuvent faire ſeize hommes, ſans armes, contre trente Bandits, armés de Sabres, de Fuſils & de Bayonnettes ? Malgré nos efforts, malgré les cris de nos Femmes & de nos Enfans, nous fûmes liés & tranſportés enſemble dans une des Barques, & mis à fond de cale.

Quels momens à paſſer que ceux des réfléxions, qui pour lors viennent vous prendre ! Que de regrets, de pleurs & d'emportemens inutiles ! On ſe fait des reproches, on s'accuſe réciproquement ; on injurie le Ciel, on lui attribuë les maux où ſoi-même on ſe plonge : affreuſe ſituation, ſource de douleurs ſans bornes, déplorables idées de l'avenir, ſpectacle horrible à ſe repreſenter; mais inutiles larmes, inutiles réfléxions, remedes impuiſſans, qui ne peuvent changer des infortunes réelles. Nous fûmes long-tems dans ce triſte cachot ſans proferer une ſeule parole : abſolument plongé dans la douleur, on ne pouvoit que réfléchir. Enfin, on articule à peine quelques mots entrecoupés, & inſenſiblement on cherche à ſoulager ſes maux, en plaignant ceux qui doivent en être les Compagnons.

De toutes les Femmes, celle qui paroiſſoit la plus affligée, & qu'on eût plus de peine à faire revenir à elle-même, fut Madame Hus. Son Mari, que ſes affaires avoient obligé de partir deux jours avant notre embarquement, par ce moyen avoit évité l'efclavage ; mais elle fe repréfentoit fon défefpoir à la trifte nouvelle qu'il devoit bien-tôt apprendre.

Deux heures fe pafferent avant que perfonne vînt nous troubler dans notre cachot : mais après ce tems, un Matelot que nous reconnûmes pour être François, par ordre du Capitaine nous vint faire plufieurs queftions fur notre pays & fur notre état.

La douleur tranquille n'eft pas moins violente. J'avois fenti vivement mon malheur ; mais rien n'avoit éclaté au dehors. Ainfi, je me trouvai feul en état de répondre aux queftions du Renegat, car nous avons fçû depuis que c'en étoit un. Je lui dis que nous étions tous parens ; qu'après avoir quitté la France, nous avions été nous établir à Livourne ; qu'y ayant aſſez mal fait nos affaires, nous nous étions imaginés que le ſéjour de Genes nous ſeroit plus favorable ; mais que nous étant totalement ruinés par un commerce malheureux, nous allions porter nos chagrins au ſein de notre Patrie, & y chercher un nouvel aſile. J'avois crû devoir débiter cette fable afin d'ôter aux Corſaires l'eſpérance de nous voir racheter. Le Renegat parut content de ma réponſe, & nous promit d'adoucir de tout ſon pouvoir la cruauté de notre ſituation. Il nous dit qu'il étoit vrai que nous allions être Eſclaves ; mais qu'il nous ſeroit facile de nous faire racheter, & à peu de frais, & que lui en ſon particulier nous promettoit tous ſes bons offices pour nous en procurer les moyens. Enſuite il nous fit apporter quelques rafraîchissemens, du Poisson salé, des Fruits secs & du Biscuit : on peut bien s'imaginer que ce fut inutilement.

Pendant ce tems nous voguions avec une vîtesse incroyable, & chaque instant qui nous éloignoit de nos Côtes nous approchoit de l'Esclavage. Le Renegat, pour la seconde fois, vint encore nous exciter à moderer notre douleur. Mehemet notre Maître, dit-il, a été touché de votre sort ; je le lui ai dépeint avec des couleurs sensibles, & vous pouvez tout esperer de sa bonté : il est consideré à Tunis, où nous vous conduisons. A ce nom de Tunis, les sanglots redoublerent ; on se fit une nouvelle image des fers où l'on couroit, & malgré les soins du Renegat, on se replongea dans la douleur.

La Barque étoit à la vûë de la Côte de Tunis, quand un nouvel orage se fit sentir : à chaque moment nous la croyions voir s'entr'ouvrir, & nous offrir la mort que nous regardions comme le seul but de nos infortunes; mais ce péril ne nous touchoit plus : au contraire, au comble de nos miseres, il nous paroissoit une faveur du Ciel. Nos vœux ne furent pas exaucés, le tems redevint calme, & bien-tôt après nous mouillâmes l'ancre. Le Renegat qui avoit apparemment pris quelque affection pour nous, vint de nouveau nous exciter à la constance, & nous assurer de ses bons offices.

Voyant qu'il sembloit s'interesser à nos malheurs, je me hazardai à lui demander ce que nous allions devenir. Dans deux heures, me répondit-il, on va vous débarquer , ainſi que les Equipages qui vous ont appartenu. Vous ſerez mis en dépôt dans un lieu public , élevé pour cet uſage , juſqu'à ce qu'un Député du Bey , le Maître de la Barque , & le Capitaine qui la monte , ſe ſoient rendus enſemble. Pour lors on fera trois portions égales , s'il eſt poſſible , & l'on vous tirera au ſort : on ſuivra la même regle pour les Equipages. Mais , lui dis-je , nos Matelots ſe ſont donc abuſés , lorſqu'ils ont crû que vos deux Barques étoient Françoiſes ? Ils ont penſé juſte , me dit le Renegat , & voici ce qui a cauſé leur erreur. Il y a plus d'un mois que le Capitaine de cette même Barque alloit en courſe ſur les Côtes de Provence ; il montoit un Brigantin fort leger & parfaitement bien armé. Après avoir rodé trois jours , nous apperçûmes deux Barques Marseilloises chargées de Bled pour Cadix ; nous les attaquâmes, & après trois heures & demie d'un rude combat, nous nous en rendîmes maîtres. Dès ce moment, Mehemet notre Capitaine résolut de se servir de ces Barques, afin de mieux tromper tous les malheureux que le sort lui présenteroit.

On nous laissa encore quelques heures dans la Barque, après lesquelles nous fûmes transportés à terre. Une espece de Chariot nous conduisit à la Ville, qui est fort éloignée du Rivage, & qui par sa situation ne contribuë pas peu à assurer à ces Pirates l'impunité de leurs crimes. On suivit de point en point ce que nous avoit déja dit le Renegat. Nous fûmes enfermés dans une Halle, où l'on nous servit toutes sortes de provisions. La douleur se tait dans l'instant du malheur ; elle s'exhale à la réfléxion, mais elle s'adoucit par le tems. Nos douleurs, quoique nouvelles, s'étoient déja moderées ; nous nous consolions par l'espérance, & enfin nous prîmes quelque nourriture.

L'instant fatal approchoit, notre sort alloit être décidé, & nos Juges nous examinoient déja avec attention : non sans beaucoup de disputes, au moins je le soupçonnois, ils firent les parts égales ; mais quand se vint à partager nos misérables coffres, ce fut bien un autre tapage. Depuis que nous avions été pris, nos Corsaires avoient eu soin de leur manœuvre, & n'avoient nullement songé à examiner la valeur de la prise qu'ils venoient de faire. Quelle fut leur surprise, lorsqu'en ouvrant le premier coffre ; ils apperçurent deux ou trois Turbans garnis de pierreries. Ils exprimerent leur étonnement par leurs cris & par leurs gestes.

Cette avanture leur donna plus de curiosité à voir le reste ; ils tirerent plusieurs Habits à la Romaine, quelques Robes à la Turque, un Habit de Polichinel, un d'Arlequin, des Couronnes, des Sceptres, & mille autres instrumens propres à la Comedie. A chaque objet ils redoubloient leur étonnement, & ne pouvoient sans doute concevoir à quel usage tout cela pouvoit servir : mais ils furent bien plus surpris, en ouvrant une Boëte remplie de Masques de toute façon. Ils se faisoient des signes l'un à l'autre, examinoient notre contenance, & se trouvoient, je crois, fort embarrassés. Par malheur le Renegat François n'étoit pas là pour les tirer de peine, & en attendant qu'il vînt, ils continuoient toujours leur visite. C'étoit au tour des Décorations à exciter de nouvelles surprises. La Peinture ne leur est pas inconnuë; mais ils ignoroient à quoi ces Toiles peintes pouvoient servir. Ils y voyoient des Arbres, des Colonnes, des Portiques, des Figures croquées, qu'à peine ils pouvoient distinguer, & plus que tout, un Palais de Samson tout brisé, & dont en vain ils s'efforçoient de rassembler les morceaux.

Le Renegat vint à propos pour expliquer ce mystere. Au premier abord, il fut lui-même étonné d'un spectacle si particulier; mais rappellant ses idées: je suis au fait de votre commerce, mon Pays, me dit-il, en m'adressant

dressant la parole, vous êtes Comedien. Tant mieux, continua-t-il, en me tendant la main d'un air de bonté, il me sera plus facile de vous rendre service, & certainement je réussirai. Tenez-vous en repos; tout esclaves que vous êtes, vous coulerez peut-être des jours tranquilles. Il se tourna ensuite du côté du Patron de la Barque, & en langage du Pays, lui dit apparemment qui nous étions. Je m'apperçus seulement qu'il avoit beaucoup de peine à se faire entendre, & ce ne fut qu'à force de gestes qu'il en vint à bout.

A cette nouvelle, Mehemet tressaillit de joie, & sortit en parlant avec chaleur au Député du Bey. Je demandai à notre Protecteur d'où provenoit la satisfaction que j'avois remarqué sur le visage de notre Patron. Je lui ai expliqué, me répondit le Renégat, non ſans beaucoup de difficulté, quelle étoit votre profeſſion, & ai tâché de lui faire ſentir combien un tel préſent pourroit être agréable au Bey. Je penſe qu'il a goûté mes idées; & peut-être eſt-il allé vous offrir à Sa Hauteſſe, c'eſt-à-dire, faire évaluer la part du Capitaine qui ne perd jamais ſes droits, & y joindre la ſienne : ainſi, les choſes tournant comme je le ſouhaite, c'eſt de vous que dépend ou votre bonheur, ou votre malheur. Le Bey, pourſuivit-il, eſt d'un caractére taciturne; il panche même à la mélancolie : Le ſang répandu lui peut ſeul dérider le front; au reſte, il récompenſe avec profuſion. Employez vos talens; divertiſſez-le, faites-le rire, je vous gare[illegible]is de tout. Mais, lui demanda une de nos Actrices, qui commençoit à recouvrer la parole, comment nous faire entendre? Il ignore notre langage; nous n'avons aucune teinture de celui du Pays. Je déſeſpere de mettre votre projet en exécution. Un peu de patience, Mademoiſelle, répartit Desforges; il ne faut jamais éteindre un rayon d'eſpérance. On peut eſſayer : &, ſi nos Piéces ne réuſſiſſent pas, nous en tirerons de notre cerveau de plus divertiſſantes. Je vous entens, lui dis-je; nous jouerons des Pantomimes.

Chacun applaudit à cette idée, & l'on commença à eſpérer bientôt une plus heureuſe fortune. Notre Protecteur n'affermiſſoit pas peu l'eſpérance que nous avions conçûe. Il paroiſſoit ſi affable, que je commençois à l'aimer d'inclination. Je le queſtionnois ſur la maniere de vivre des

Tunisiens , & sur la barbarie qu'ils exercent sur les pauvres Esclaves. Enfin je me hazardai à lui demander quelques particularités touchant son esclavage, & il me répondit en ces termes :

Je vois que depuis long-tems vous étes curieux de me connoître : Je suis né à Lyon de parens fort riches ; ils me donnérent toute l'éducation qu'on peut donner à un jeune homme de famille, & voulurent me faire embrasser le Barreau. Comme cet état ne convenoit nullement à mon humeur libertine, je me saisis de ce que je pus trouver d'argent comptant, de vaissellles, de bijoux, & je me rendis à Paris avec mon larcin. Vous n'ignorez pas que c'est le centre du plaisir & du libertinage ; je m'y plongeai tout entier. J'aimois le Spectacle, & j'y allois souvent ; j'y fis connoissance avec une espece de Comtesse dont les manieres me seduisirent. J'en fus prómptement amoureux ; je m'en apperçus, je le dis, & fus aimé presque en même tems. L'Amour provincial & ignorant va grand train. Ce n'étoient que présens, fêtes, cadeaux, tous les jours des parties de Bal, de promenades, de jeux. Pouvois-je m'imaginer que quarante-cinq mille livres pouvoient se dissiper en moins de six mois ? C'est ce que j'éprouvai cependant. La fausse Comtesse s'apperçut de la diminution de mon argent ; &, comme cela est juste, diminua de tendresse pour moi. Elle crut que, puisque je ne pouvois plus fournir aux appointemens, il étoit nécessaire, pour le bien commun, de m'associer une dupe. Ce ne fut pas la seule ; il en vint deux, trois, quatre ;

Enfin j'ouvris les yeux ; je fis tapage ; je blessai quelques camarades d'infortune, ce qui m'obligea à prendre la Poste avec quelques louis qui me restoient encore.

Pendant mon absence, mon Pere étoit mort. Ma Mere me reçut à bras ouverts ; &, comme un véritable Enfant prodigue, elle me sollicita, & me fit solliciter de choisir un état : mais mon Etoile me réservoit à un sort plus funeste ; je n'étois pas né pour couler des jours tranquilles. Après m'être fait rendre un compte exact du bien de mon Pere, je partis pour Marseille, dans le dessein de m'embarquer pour l'Italie. En effet, je trouvai une Barque qui mettoit à la voile pour Civita Vecchia ; je traitai pour mon passage avec le Patron, & nous partîmes.

Le vent qui étoit excellent

pour avancer route, nous engagea à prendre la hauteur de la Mer, afin de voguer avec plus de rapidité. Mais nous n'avions pas doublé le Cap de Fréjus, que nous nous vîmes attaqués par un Vaisseau Saltin de dix-huit piéces de Canons. La résistance auroit été vaine; il fallut nous rendre, & passer à bord du Corsaire. J'aurois peine à vous exprimer les tourmens que j'ai soufferts. On m'avoit trouvé une somme d'argent assez considérable; & de-là mon Patron concluoit que je devois être en état de payer une grosse rançon: pour m'y engager, il n'est aucune violence dont il ne se soit servi.

Je ne vous dirai point que les mauvais traitemens que j'ai reçûs m'ont engagé à quitter ma Religion. De Renégat je n'ai que l'habit. Je ne chercherai pas à excuſer ma lâcheté ; je ſai que cette action eſt un crime horrible aux yeux des hommes , mais Dieu voit mon cœur, & cela me ſuffit.

Je vous avouerai de plus, que la dureté de mes parens m'a mis au comble du déſeſpoir. J'ai trouvé pluſieurs fois le moyen de leur faire ſavoir mon eſclavage, mais inutilement ; mes miſeres ne les ont point pénétrés , & je n'ai jamais entendu parler d'eux. J'avouerai auſſi qu'ils ont quelque lieu de ſe plaindre de moi ; mais eſt-ce une raiſon valable pour abandonner un malheureux ? Et mon infortune n'auroit-elle pas dû nous réconcilier ?

Enfin, après avoir ſouffert à Salé des tourmens infinis, je ne trouvai d'autres moyens pour me délivrer de tant d'horreurs, que de prendre cet habit , qui peut-être me fournira l'occaſion de revoir

voir ma chere Patrie. Quelque tems après ma délivrance, Méhémet se trouva à Salé, il m'offrit de m'embarquer sur son bord ; & , pour ne plus voir des lieux qui m'étoient insuportables, j'acceptai avec joïe l'offre qu'il me faisoit : c'est ainsi que depuis trois années je cours la Mer avec lui. Malheureux d'être obligé quelquefois de le servir contre mon Pays, mais heureux de pouvoir adoucir les maux de mes Compatriotes, & de nourrir l'espoir de revoir un jour la France : c'est où le Renégat finit son récit, en nous assurant qu'il ne négligeroit rien pour nous tirer d'esclavage.

A peine le Renégat avoit-il cessé de parler, que Méhémet revint tout transporté de joie ; il nous fit ordonner de nous parer, afin d'être présentés au Bey. Notre Protecteur nous encourageoit à nous ajuster, &, dans tout, voulut bien nous servir d'Interprête. Les femmes n'étoient nullement de cet avis; elles craignoient d'avoir assez de malheur pour plaire au Bey, ou à quelqu'un de ses Favoris. Cependant elles s'accommoderent négligeamment; &, quand tout fut prêt, Méhémet, à notre tête, nous conduisit au soi-disant Palais du Bey; il étoit sur un Carreau lorsque nous entrâmes, & parut assez satisfait de nous voir. Le Renégat qui n'avoit pas voulu nous quitter, s'approcha humblement de lui, afin de lui expliquer ce que nous savions faire; il en parut assez content, & lui commanda de nous ordonner de nous tenir prêts pour le soir. Notre ami vint nous apporter cette nouvelle avec une joie sensible, & nous recommanda de ne rien épargner pour divertir le Bey, que notre tranquillité en dépendoit, & nous dit qu'il alloit donner les avis nécessaires pour dresser une espéce de Théatre.

Quand nous nous vîmes seuls, nous ne pûmes nous empêcher d'admirer les caprices de la fortune, & de sourir sur notre sort. Il falloit s'accommoder au tems. Plaire ou déplaire étoit pour nous ou la vie, ou la mort. Ce n'étoit plus les sifflets, les cabales, & nos camarades qu'il nous falloit affronter; c'étoit les rides, la mauvaise humeur d'un homme accoutumé à ne voir pour spectacle, que des ruisseaux de sang humain, d'un homme qui ne respiroit que la cruauté. Il falloit cependant le faire rire; mais comment faire rire lorsqu'on n'en a nulle envie? Notre situation n'étoit nullement risible; ce qui devoit en résulter étoit ſeul capable de nous arracher un pareil effort.

Après une mûre délibération, nous réſolûmes de jouer en Pantomime le ſujet d'*Arlequin Statue & Perroquet* ; il nous paroiſſoit plaiſant, & tout-à-fait propre à notre deſſein : Nous en répétâmes même quelques Scénes qui nous parurent admirables ; & nous n'avions pas fini, quand le Renégat, ſuivi de pluſieurs Officiers & d'Eſclaves, vint nous apporter les rafraîchiſſemens que nous envoyoit le Bey. Il nous dit que dans le moment on alloit nous rendre nos coffres, qu'il s'étoit chargé de la conſtruction du Théatre, & qu'il y employoit aſſez de monde pour qu'il fût achevé en moins de quatre heures.

Enfin cette heure critique arriva. Les femmes entrerent ſur la Scéne, & geſticulerent ſelon que le hazard voulut. Pantalon parut, qui par ses singeries divertit infiniment le Monarque renfrogné & ses favoris. Mais lorsqu'ils virent paroître Arlequin, lui & toute sa Cour pousserent des cris effroyables, & sortirent en roulant les yeux, & en proférant des paroles où Lucifer lui-même n'auroit rien compris.

Jugez de notre étonnement à cette fuite inopinée. Nous nous regardions long-tems, sans pouvoir revenir de notre surprise ; & il ne nous étoit pas possible d'imaginer d'où provenoit cet effroi. Nous étions encore à en chercher la cause, quand une troupe de Soldats furieux nous vint saisir, nous lia, & nous conduisit séparément dans d'horribles cachots.

Ce dernier coup du sort abattit toute ma constance; en même

tems je me voyois privé de toutes les consolations, & sans aucune espérance. Eloigné peut-être pour jamais de ma femme, de mes enfans; privé de la lumiere, enterré tout vivant dans un effroyable souterrain, &, pour comble de douleur, sans savoir où aboutiroient tous mes maux. Hélas! Dans des états pareils, à quoi servent les réflexions? Ce sont autant de furies qui nous rongent, & qui empoisonnent tous nos momens. Ce fut pour lors que je m'abandonnai à tout mon désespoir. Mes pleurs, que jusques-là j'avois retenues, coulérent en abondance. Je rappellai tous mes maux & la fatalité de mon Etoile: enfin, je me plongeai avec une espéce de joie dans les plus cruelles réflexions.

A chaque instant je me préparois à la mort, & je n'attendois que d'elle seule la fin de mes souffrances ; mais j'étois réservé à d'autres cruautés. Après trois jours de prisons, je fus tiré & conduit à une Maison de Campagne, pour y travailler aux ouvrages les plus serviles. D'abord on m'employa à tirer une charrue, & à labourer un grand Clos. Quelques grosses féves, du pain noir & de l'eau, firent, pendant quelques jours, ma seule nourriture. Par hazard, rêvant à mon sort, je m'amusai à crayonner quelques portraits sur le mur. Mezour le Jardinier s'en apperçut, & en fut avertir le Maître des Esclaves : Il vint, & vit avec plaisir une tête & quelques arbres que j'avois tracés. Il me demanda par signes si je savois cet Art ; je tâchai de lui faire entendre que je n'y étois pas novice ; & aussi-tôt il m'ordonna de le suivre. Quand je fus dans son appartement, il me fit voir une muraille nouvellement blanchie, & me fit entendre que je lui ferois plaisir de la remplir de quelques portraits.

Dans une extrême misere, on saisit ardemment le plus foible soulagement. J'acceptai le parti; &, avec du charbon, je crayonnai sur le mur tout ce qui vint à mon idée. A peine avois-je achevé mon ouvrage, que je vis entrer le Renégat, mon ami & mon cher protecteur : Oubliez vos chagrins, me dit-il, du plus loin qu'il m'apperçut ; tout a changé de face : le Bey n'est plus intraitable, & il vous fait rappeller des endroits où vous aviez été dispersés ; je puis dire, que si j'ai jamais été sensible, ce fut cette fois-là. J'embrassai mon cher protecteur avec toute la tendresse que méritoient, & ses services passés, & une si bonne nouvelle: Mais, lui demandai-je, qu'est-ce qui a donc causé notre premier malheur? A ce moment, qui nous fait donc rappeller?

Je vais vous instruire de tout, me répondit le Renégat: Le commencement de votre Piéce avoit plû extrêmement au Bey, mais l'arrivée d'Arlequin, & son visage noir, lui a fait une frayeur horrible; il l'a pris pour un Diable, ou du moins pour quelque mauvais Génie sous la forme humaine, & s'est, ainsi que toute sa [illegible]ur, sauvé à son approche. Je ne doute pas que cet incident ne vous ait jetté dans un grand étonnement. Le Bey aussi-tôt outré, & contre Méhémet, & contre vous, a ordonné de le conduire dans la prison, les fers aux piéds. Vos femmes ont été placées dans un quartier séparé du Palais, & vos gens ont été dispersés, ainsi que vous, dans des Maisons de Campagne de la dépendance de Sa Hautesse.

Vous ne devez pas douter que je n'aye été pénétré de cette avanture, mais je n'y pouvois remédier sur le champ; le Bey étoit trop en colere, & hors d'état d'écouter mes raisons. Hier cependant je me suis hazardé à lui expliquer de mon mieux ce qui a causé sa surprise; &, pour appuyer mon discours, je lui ai fait voir & examiner le masque qui avoit causé une Scéne si effrayante. Ce n'a pas été sans efforts qu'il s'est rendu à mes remontrances & à mes priéres: enfin, ce matin il m'a accordé votre délivrance, & j'ai voulu moi-même vous annoncer cette agréable nouvelle: Le Bey consent à revoir vos Divertissemens; mais supprimez les masques, ils vous sont trop funestes.

Après cette courte conversation, il présenta l'ordre au Maître des Esclaves, & nous tournâmes nos pas du côté de la Ville. Je ne vous dirai rien de la Campagne; des Champs couverts de grosses féves, font une partie de sa richesse, & quelques Cabanes de bois garnies d'écorces d'arbres en font le principal agrément. Après avoir marché pendant une heure & demie, nous arrivâmes à Tunis, que je remarquai pour la premiere fois. Cette Ville m'a paru fort grande, assez bien percée, très peuplée & fort commerçante. Il y a beaucoup d'Etrangers, c'est-à-dire, quelques Turcs, & quantité d'Habitans des Côtes de Barbarie, comme Saltins, Algériens, de Tripoli, & autres.

Il n'eſt pas néceſſaire de rapporter la joïe que nous eûmes de nous retrouver. Pour moi, je me livrai tout au plaiſir d'embraſſer ma femme & mes chers enfans. Les premieres paroles furent employées à ſe queſtionner mutuellement ; on ſe demanda compte des jours que l'on avoit paſſés ſans ſe voir, & chacun raconta ſes aventures.

L'un, comme moi, avoit été employé à labourer ; l'autre à applanir des chemins ; quelques-uns avoient ſervis, ou dans le Palais, ou chez des Officiers; le ſeul Desforges avoit reſté dans le fond de ſon cachot.

Mon Renégat m'avoit bien dit que les femmes avoient été conduites dans un endroit ſéparé du Palais, mais il avoit jugé à propos de me taire tout le reſte. Le lendemain de notre cataſtrophe, il prit envie au Bey d'aller viſiter ſes nouvelles Esclaves : Il y fut, & les aborda avec les politesses ordinaires de son Pays, c'est-à-dire, en leur faisant des caresses ausquelles aucunes d'elles n'étoient accoutumées. Mademoiselle Desforges, fille du malheureux Arlequin, qui réellement a tous les agrémens, & de la jeunesse, & de la beauté, fut celle qui lui donna le plus dans les yeux. Il lui fit des signes, sans doute pour lui faire comprendre qu'il la trouvoit fort à son gré, & lui offrit des présens qu'elle refusa avec autant de mauvaise humeur que ses caresses. Le bon Monarque fut piqué de ses manieres; dans son Sérail, il n'étoit pas accoutumé à des refus : Il en marqua son ressentiment; &, avec des nouvelles graces Tunisiennes, tourna ses vûes du côté de Madame**, qui n'y répon-pondit que par des pleurs & par des sanglots : Enfin, pour tout dire, il s'est trouvé si mécontent de sa premiere visite, qu'il a dédaigné la seconde. Elles sont délivrées de son odieuse vûe : Ce qui les désespere actuellement, c'est qu'elles se trouvent en bute à tous les indignes procédés d'un tas de malheureux qui composent la Cour du Bey, & qui jouissent de la permission qu'il leur a accordé de les voir.

D'autres femmes, &, sans contredit plusieurs de cette profession, trouveroient des moyens d'adoucir leur captivité, en se livrant à leur pente ordinaire : mais les nôtres, j'ose le dire, sont des Phœnoménes dans leur genre. Je ne les mettrai pas toutes au même point : Il en est qui, étant trop vivement poursuivies, sauroient bien-tôt se délivrer de tant d'importunités.

Je ne vous détaillerai pas tous les ſervices que nous a rendu notre Renégat, ni, malgré ſes ſoins, tout ce que nous ſouffrons tous les jours. Qu'il vous ſuffiſe de ſavoir que nous avons déja repréſenté cinq fois de nos Piéces en Pantomimes ; qu'on nous ſort journellement de priſon où nous ſommes détenus pour ce malheureux exercice. On nous a ſeulement permis d'écrire en France, afin d'y chercher les moyens de nous faire racheter : nous l'avons fait, & je ne doute point que les maux que nous avons ſoufferts & que nous ſouffrons continuellement, n'attendriſſent les cœurs. Imaginez-vous-les, mon cher D... je vous en cache les trois quarts; &, depuis un mois que nous ſommes dans ce Pays, aucun de nous n'eſt reconnoiſſable. Ce ſont tous les jours de nouvelles tortures qu'on nous fait souffrir; aux femmes, ce sont de nouvelles insultes à essuyer : Enfin, nous mettons toute notre espérance en Dieu, il ne nous abandonnera pas. Notre rançon n'est pas encore fixée ; mais notre Renégat nous fait espérer qu'elle ne sera pas forte, sans cependant rien retrouver de ce qui nous appartenoit. Trop heureux de sauver notre liberté ! Mandez-moi ce que l'on pense en France de notre désastre, & si le Public en est touché. Adieu, mon cher ami ; faites agir l'amitié & la compassion. Nous nous consolons avec cette maxime :

Solatio miseris, est habere pares.

J'ajoûte à ma Lettre la Description exacte de la Ville de Genes, telle que vous me l'avez demandée. C'est le fruit des réfléxions

fléxions de mon esclavage.

Genes, dite la Superbe, autrefois nommée Ligurie, a été fondée par plusieurs Brigands ou Ecumeurs de Mer, qui, cherchant une retraite sur les Côtes, s'arrêterent à une Plage qui maintenant est au-dessus de Genes, du côté de Livourne. Peu de tems après, ils quitterent leur demeure pour en prendre une à quelques milles pas de là, dans une situation plus avantageuse. Cette Ville ne s'est formée qu'avec de grands soins, & n'est parvenuë au point où elle est, qu'après un assez long tems. Enfin, son heureuse situation, si voisine de Sicile & des Côtes de Provence, l'a renduë la plus florissante de la Méditerranée. Aujourd'hui elle voit dans son Port des millions de Vaisseaux de toutes les Nations, qui viennent en foule augmenter ſes richeſſes.

Il s'en faut bien que le Port de Genes ſoit ſûr & commode pour les Vaiſſeaux. Il eſt expoſé aux Vents de Mer qui ſouvent y excitent des Tempêtes fâcheuſes. On a vû pendant les deux ou trois fois vingt-quatre heures que durent ordinairement ces gros Temps, dix à douze Vaiſſeaux briſés les uns contre les autres; & ce n'eſt que par les grandes attentions que l'on prend, que journellement il n'y arrive pas des accidens terribles.

Le Port forme une eſpece de Croiſſant bordé par une Colline ſur laquelle eſt bâtie la Ville, qui, vûë de la bouche du Port, préſente un Amphithéâtre magnifique, & qui n'a pas ſon pareil dans toute l'Europe. Du Port on entre dans la Ville par quatre Jettées défenduës par de groſſes

Batteries de Canons, poſées à vingt-cinq pieds de hauteur ſur un Rempart qui regne le long de la Ville. On peut s'y promener, & y joüir de la vûë de cinq ou ſix cens Vaiſſeaux à l'Ancre.

La République a cinq Galeres qu'elle arme en courſe, & qui ſont renfermées dans un Port particulier. Dans un autre Port à côté eſt la Fabrique des Galeres, où l'on travaille journellement à la conſtruction de deux, qui ſervent à remplacer les anciennes.

Le Port eſt défendu par deux Môles ou Avancées en Mer de ſix à ſept cens pas, au bout deſquelles ſont de fortes Batteries. On a deſſein de continuer ces Môles, & de les faire croiſer enſemble, de ſorte que les flots puiſſent être briſés avant que d'entrer, ce qui aſſureroit beaucoup le Port. Ce dessein paroît beau, mais de difficile exécution.

Ceux qui arrivent du côté d'Alexandrie, rencontrent le Fauxbourg de S. Pierre d'Arêne, qui prévient fort en faveur de la Ville. Il est rempli de superbes Bâtimens & de délicieux Jardins. S'il étoit peuplé, le séjour en seroit plus agréable que celui de la Ville. On doit sur-tout s'arrêter à la Vigne *Imperialis*, dont les Jardins méritent d'être vûs. Ce n'est qu'une continuité de Terrasses, qui de la premiere laisse voir le Jardin en son entier. Chaque Terrasse a sa Grotte particuliere contenant un Bassin, & plusieurs Cascades ou Jets-d'eaux. Au bout du Jardin est un Bois délicieux où il y a encore plusieurs Grottes, Bassins, & enfin le grand Réservoir des Eaux.

Dans le Jardin d'en bas il ne faut pas oublier une grande Cage où autrefois l'on mettoit des Oiſeaux de toute eſpéce. Ils ont leurs nids formés dans le mur, les uns peints comme le trou d'un Arbre, d'autres comme le toît d'une Maiſon, le tout avec une délicateſſe ſans égale. Pluſieurs Oiſeaux ou Cupidons de Marbre coupent la Cage par mille Jets-d'eaux charmans, ſans oublier un Payſan, de ſtature naturelle, repreſenté dans l'attitude d'un homme qui ſe verſe du vin. C'eſt un morceau très-eſtimé. Quiconque n'a pas été dans ce Jardin, paye pour l'ordinaire ſa curioſité, & ne manque pas d'y être arroſé, & ſur-tout à la Cage, où il eſt impoſſible de s'en défendre.

Avant que d'entrer dans la Ville, on rencontre le fameux Palais du Prince Doria. Cette Famille est sans contredit la plus illustre de Genes. André Doria, si célebre dans l'Histoire, a été indépendant de la République, Souverain dans ses Terres & dans le Fauxbourg d'Arêne qui lui appartenoit : il armoit des Galeres à ses frais, & ne les a jamais employées que pour le service de la République.

On débite une fable assez plaisante au sujet de la construction du Palais Doria. On dit que dans le tems que le Prince le faisoit élever, un Suisse posté en sentinelle sur le Rempart de la Ville, considerant & la puissance d'André Doria, & la situation & de son Palais & de ses Jardins d'en haut, qui semblent commander à la Ville, demanda audience au Sénat; & quand on l'eut introduit : Sérénissimes Sénateurs, leur dit-il, puiſque notre Nation ne doit pas vous être moins utile dans la Paix que dans la Guerre, je viens vous faire part de quelques réfléxions qu'un moment de loiſir m'a fait faire. Conſiderez la puiſſance d'André Doria, ſa valeur, & l'eſtime qu'il s'eſt acquiſe chez vos Citoyens & parmi vos Soldats. Voyez, examinez la ſituation de ſon Palais; il commande à la Ville. Le Prince a des Troupes, des Amis; il peut en un jour renverſer votre pouvoir, s'emparer de la Ville à force ouverte, & ſe faire proclamer Roi. Vos Voiſins, que votre Grandeur importune, ne ſeront peut-être pas peu portés à fomenter ces grandes révolutions. C'eſt à vous de voir ſi mes idées ſont juſtes, & à profiter des avis que vous donne un Serviteur fidéle. Ces paroles cauſerent de grands mouvemens dans l'Assemblée. On aimoit, on estimoit, on craignoit même André Doria. Le parti étoit difficile ; cependant la sûreté publique l'emporta. Il fut résolu qu'on lui députeroit quatre Sénateurs, pour le prier de la part de tous les Citoyens de faire discontinuer les travaux de son Palais, lui représentant que des Ennemis s'avançant pour assiéger la Ville, pouvoient s'en saisir comme d'une Forteresse capable de les rendre pour jamais Sujets d'une Puissance Etrangere ; que d'ailleurs, quoique l'on connût la droiture de ses intentions, ses Ennemis pourroient les mal interpreter, & attribuer à de mauvais desseins le plaisir qu'il prenoit à élever un somptueux Palais. Quoiqu'André Doria, à travers ce voile, découvrît les véritables craintes du Sénat, il il céda à leurs instances, & fit discontinuer l'élévation de son Palais qui n'a qu'un seul étage.

A l'égard du Suisse, il n'exigea pour récompense que d'être placé en pierre dans l'endroit où il étoit en faction lorsque cette réfléxion lui vint. On l'y voit encore appuyé contre un pan de mur qu'on a conservé à cet effet.

Le Palais qui n'a rien de beau au dehors, est magnifiquement meublé & avec goût; tout ce que la Peinture a de plus exquis, s'y trouve renfermé. Le Jardin n'est pas grand, mais bien situé. Il voit en face la pleine Mer, ce qui n'est pas un petit agrément. Au milieu du Jardin se trouve un beau Bassin de Marbre blanc, élevé à quatre pieds de terre. Neptune, de taille gigantesque, est sur son Char, commandant aux Eaux, & gouvernant ses

Chevaux Marins. Chaque Figure jette de l'eau, & se croise avec plusieurs Aigles, aussi de Marbre blanc, qui sont posés sur les bords du Bassin, & qui semblent se baigner dedans. Sur la Mer régne une grande Terrasse, toute revêtuë de Marbre, d'où l'on découvre le Port, la Ville & la pleine Mer. Dessous cette Terrasse on fait remarquer une fausse Porte dans le mur du Port, qui a été ouverte, dit-on, quand Charles-Quint vint loger chez le Prince Doria, ayant fait refus d'entrer dans la Ville, qui ne vouloit pas lui rendre tous les honneurs qu'il exigeoit. L'honneur que cet Empereur fit au Prince, marque combien cette Maison étoit puissante dès ce tems.

La République de Genes est gouvernée par un Prince ou Doge Electif, & quarante Sénateurs. Ce Prince s'élit à la pluralité des voix, & ne conserve sa Dignité que deux années. Il représente la République, mais sous son nom les Sénateurs la gouvernent. Jamais Prince n'a eu moins de pouvoir que le Doge de Genes. Deux voix qu'il a dans le Conseil, & dont il ne se sert presque jamais, sont toute sa puissance. Tant que dure sa Dignité, il ne lui est pas permis de faire un pas sans avoir deux Sénateurs avec lui. Personne ne peut lui parler en secret, & c'est une grande grace quand on lui permet de coucher avec sa femme; ce qui n'arrive que très-rarement. Nul spectacle, nulle partie de plaisir, confiné dans le fond de son Palais, plus inaccessible qu'un Ours dans sa tanniere, il s'occupe à applaudir à ceux qui gouvernent sous son nom.

La Garde du Doge eſt composée de quelques Soldats & de cent Suiſſes. Il a vingt-quatre Pages, à qui il donne vingt ſols chaque jour de Cérémonie. Quand il ſort, toute cette ſuite l'accompagne, ainſi que la plus grande partie des Sénateurs, ce qui fait un aſſez beau Cortége.

Comme dans la plûpart des ruës de Genes on ne peut aller qu'en Chaiſe à Porteur, le Doge ne ſe ſert jamais de Caroſſe. Sa Chaiſe eſt couverte de Velours cramoiſi : lui-même, pour marque de ſa Dignité, n'eſt diſtingué que par une longue Robe de Velours cramoiſi, extrêmement pliſſée au haut des manches, & les Sénateurs par de pareilles Robes de Velours noir.

Le Commerce de Genes eſt extrêmement floriſſant, & la Ville eſt très-riche : il faut cependant remarquer qu'il n'y a point d'Etat mitoyen, c'est-à-dire, qu'on n'y voit que des Riches & des Pauvres. On ne connoît point ici ce qu'on appelle en France de bons Bourgeois. Le Peuple y languit dans une misere affreuse, tandis que les Nobles joüissent au fond de leur Palais de tout ce que la molesse peut avoir de gracieux, sans cependant faire figure; car leur œconomie, ou si l'on peut dire leur lésinerie, est si grande, que souvent le plus riche fait le moins de dépense. A ce sujet un Officier Corse me faisoit une assez plaisante comparaison. La différence, me disoit-il, que je trouve entre un Seigneur François & un Noble Genois, c'est que si le François a cent mille livres de rente, il dépense cinquante mille écus, & qu'au contraire le Genois, avec deux cens mille francs, n'en dépense quelquefois pas trente. Si la comparaison est forte, elle n'en doit pas paroître moins raisonnable.

La République, pour prévenir la cherté des vivres, & les entretenir dans un prix modique, vend elle-même le Bled, le Vin, l'Huile, la Viande, &c. De cette maniere, que les Denrées soient cheres, qu'elles soient à donner, le prix est toujours le même. Cette précaution, bonne en apparence, appauvrit le Peuple & le petit Marchand, qui ne vit que difficilement, & n'a aucun moyen de gagner par un petit commerce détaillé.

Les Officiers, moins regardés qu'un Soldat ne l'est en France, n'ont point d'émulation, & sont pauvres pour la plûpart; c'est ce qui rend les Compagnies mal complettes. D'ailleurs, on reçoit dans les Troupes de Genes les Déserteurs des autres Pays, & plus que cela tous les Malfaicteurs, & des gens de tout âge & de toute taille. D'ailleurs, le Soldat qui est payé foiblement, est fort mal entretenu.

La coutume des Dames de Genes est d'aller passer l'Automne à Alexandrie, Ville frontiere du Piémont, pour y voir l'Opera Italien qui s'y assemble dans cette Saison.

La Ville est grande, bien pavée, mais fort mal percée. Il n'y a pas une Place passable, ni une Ruë de médiocre largeur. Celle que l'on appelle la *Strada Palaticii* est la plus belle. Elle est remplie de superbes Palais. Ceux de Madame Brignola & de Madame Jeannette Palavicini y tiennent le premier rang, avec celui du Duc Doria, fils du Prince du même nom. On y remarque cet heureux goût d'Architecture que l'on cherche en vain dans les autres Pays. Tout y est grand, noble & riche. Le Marbre y est employé avec art & profusion. Il n'est point de Ville qui ait plus approché de cet ancien goût Romain que la Ville de Genes. On ne voit par tout que superbes Façades, en dedans que magnifiques Amphithéâtres, que Colonades artistement travaillées; par tout de belles Perspectives, des Grottes, des Jets-d'eaux. Les plus beaux morceaux de Peinture & de Sculpture ornent les Appartemens.

Le Palais du Doge n'est assurément pas recommandable par le Bâtiment : c'est une grande masse qui ressemble plus à une Prison qu'au Palais d'un Prince. Au premier Corps-de-Garde on vous fait voir les Cuirasses des Femmes qui jadis ont défendu la Ville de Genes. Ensuite vous entrez dans une grande Cour, où sont placées les deux Statuës d'André Doria & de son fils. On monte par un mauvais escalier au Vestibule d'en haut, & de-là on entre dans la Sale du Sénat.

C'est un des plus riches morceaux que l'on puisse voir. Cette Sale sert pour les Assemblées extraordinaires du Sénat. Elle est enrichie de Peinture du haut en bas. Chaque cadre représente les plus mémorables actions de la Ville de Genes, ou les attributs de la Ville sous diverses emblêmes. Il y a sept niches de chaque côté, où l'on place les plus illustres Genois, ceux qui ont utilement servi la Patrie, ou qui l'ont secouruë d'argent dans les pressans besoins. On en voit déja trois placés de chaque côté : à droite est un Grimaldy, foulant aux pieds quantité de Médailles, avec cette Inscription :

Ansaldo Grimaldo non libenter soli.
Ex S. C. anno 1536. *rest.* 1715.

Le second un Nicolaï, de qui Messieurs Nicolaï de Paris tirent leur origine.

Julio sale Q. Nicolaï quod annonæ caritati in posterum lævandæ annuo perpetuo censu large prospexerit statuam ex S. C. olim positam ac subinde collapsam J. Franciscus J. Jacobus, & Rodulphus reponebant Brignole sale anno 1725.

Plus loin est Thomas Ragio.

Thomæ Ragio quod ligusticam clas-

ſem triremi adjecta quod tercentos egenos quotidiana ſtipe æternum donaverit grati animi monumentum ex S. C. olim poſitum nepotes reſtituebant anno 1716.

De l'autre part ſont ces Inſcriptions.

Vincentio Odono quod pauperibus, quod ægris, quod patriæ, CLXVIII. *aureorum millia diſpenſenda legaverit tertius in urbe lapis ex S. C. metitur nominis æternitatem. Ob. a.* 1590.

Bendinello Sauli, Paſq. filius quod ante annos 240. *præter lautum liberis octo patrimonium Deiparæ templum cum inſigni Sacerdotum collo Reipublicæ præſidium duo ægris hoſpitia annuum egenis cenſum conſtituerit ſtatuam ex S. C. D. Sauli, S. Franciſci atavo bene de omnibus merito reponendam curaverit* 1722.

Paulo Sauli Octaviani filio ex S. C. patris ædibus restituto 1724.

Les autres niches attendent pour être remplies, qu'on ranime les cendres de quelques illustres Citoyens.

A la droite du Trône du Prince, est un tableau qui représente la victoire de J. Justinianus sur le Roi d'Aragon : il y faut remarquer un Négre debout sur le tillac du Vaisseau, le poing sur le côté, & regardant fixement le Général qui donne ses ordres. Il ne se peut rien de plus naturel, & les connoisseurs le regardent comme un chef-d'œuvre ; aussi bien que deux cadavres, l'un sur le Tillac, & l'autre flottant dans la Mer ; mais si bien imité, qu'on s'imagine le voir flotter & battre du flanc contre le Vaisseau. Le reste du tableau est d'un goût exquis, mais pas porté à la perfection de ces trois figures.

A gauche est la prise d'Almeria sur les Maures, où l'on vous fait observer un cordage que tient un Soldat, qui surpasse tout ce l'on peut dire. La couleur, la forme y est si bien imitée, qu'il faut toucher pour être assuré que ce n'est que de la peinture. Dans le même tableau, on voit une femme qui, pour éviter la fureur du Soldat, se cache sous un pont, embrassant un enfant qu'elle a pendu à sa mamelle; elle regarde en haut pour savoir si personne ne la découvre; & la crainte est tellement exprimée sur son visage, les ombres si bien ménagés, qu'on diroit la voir trembler.

Au dessus du Trône, qui fait même partie du plafond, est la prise de Hiérusalem par les volontaires Génois, & des autres Nations du tems de la Croisade de S. Louis, Roi de France. Tout est sublime dans ce tableau; mais sa délicatesse est si grande, il a tant de naturel, qu'il faut absolument être connoisseur pour en discerner toutes les beautés.

Il y a encore quantité de beaux tableaux, mais moins rares que ceux dont je viens de parler: sur tout le Silence personnifié, qui est posé justement au milieu de la Sale sur le coin d'une corniche: il se porte un doigt sur la bouche; & ce qui paroît surprenant, c'est que, de quelque côté qu'on le regarde, il vous regarde.

On fait voir une seconde Sale moins belle, mais fort curieuse. Les ombres ont été si favorables pour le Peintre, que des Statues qu'il a placées entre deux croisées, paroissent sortir de deux piéds hors de la muraille ; de façon qu'il faut absolument toucher pour s'assurer du contraire. Le plafond est peint en espéce de Dôme, & a pour supports plusieurs colonnes de marbre. On vous fait placer sur une pierre quarrée, & de-là ces colonnes semblent prêtes à tomber ; si l'on sort de la pierre, elles paroissent dans leur état naturel.

L'Arsenal n'est pas loin, mais si mal en ordre, qu'il ne mérite pas d'attention. On y montre pourtant l'Armure d'André Doria, fort superbe, & de taille presque gigantesque ; un canon de cuir bouilli, & le mortier de même ; quelques armes particulieres, comme, un pistolet à sept coups, quelques sabres ;

mais le tout, comme je l'ai dit, sans ordre, & sans propreté.

La plûpart des Eglises de la Ville sont parfaitement belles : celles des RR. PP. Récolets de l'Annonciade passe pour la plus superbe. En effet, il ne se peut rien de plus magnifique : le vaisseau qui est vaste & élevé, est soutenu par vingt-quatre colonnes de marbre rouge & blanc, très-délicatement travaillées. La Nef est large, & accompagnée de deux aîles décorées par de superbes Chapelles ; celle de Saint Louis tient le premier rang ; elle a été bâtie par Louis XIV. après le bombardement de Génes : chaque jour on y dit la Messe pour la Famille Royale ; elle est enrichie de tableaux de prix ; un St. Louis, embrassant un Crucifix, est estimé des connoisseurs.

Au côté droit du Maître-Autel,

tel, eſt la Chapelle dite de Saint François de Paul, qu'on regarde comme un chef-d'œuvre d'Architecture : On y voit quatre colonnes torſes, de porphire, de vingt-cinq piéds de hauteur; mais ſi bien polies & ſi bien rapportées, qu'il paroît impoſſible de diſtinguer les piéces de rapport. On dit que les quatre ont coûtées cent mille livres. Tous les entablemens de la Chapelle ſont auſſi de porphire, joints avec une grande délicateſſe. A la place d'un tableau, on a fabriqué un enfoncement en forme de Grotte, où l'on voit S. François en oraiſon, & un Ange qui lui préſente un Calice ; le tout dépeint au naturel, & tellement reſſemblant, qu'on s'imagine voir plûtôt un Religieux à genoux, qu'une figure tirée du génie d'un Ouvrier.

La Chapelle qui eſt vis-à-vis eſt tout-à-fait ſemblable ; elle a les mêmes beautés, & la même délicateſſe dans l'ouvrage.

Il ne faut pas oublier d'examiner un Tableau placé au deſſus du Grand-Portail, qui repréſente la Cêne : Il eſt extrêmement renbruni ; mais les têtes en ſont ſi naturelles & ſi belles, les couleurs ſi bien maniées, que, de l'avis des connoiſſeurs, il n'eſt rien de ſi beau dans la Ville de Génes : on l'eſtime trois cent mille livres.

Dans l'eſpace qui eſt entre la Nef & le Maître-Autel, eſt un double Dôme qui donne le jour à la principale partie de l'Egliſe. On ne peut pas aſſez admirer l'induſtrie avec laquelle il a été élevé ; il ſuffit de dire qu'il paroît en l'air ſans avoir de ſupports : C'eſtlà que tout ce qu'il y a en peinture & en dorure brille & se fait admirer.

Le fond du Chœur représente une perspective qui s'accorde si bien avec l'architecture de l'Eglise & celle qui est peinte sur le plafond, que, du bas de la Nef, on diroit que c'est une continuité de bâtiment, qui rend le vaisseau trois fois plus grand qu'il n'est par lui-même.

Il ne faut pas passer sous silence deux Tableaux peints sur les deux côtés du Chœur, dont l'un est la Présentation au Temple, & l'autre J. C. prêchant dans le Désert. Dans le dernier, il y a un Docteur dans la posture d'un homme qui écoute attentivement; c'est un morceau impayable.

La Chapelle des PP. de l'Oratoire, dite S. Philippe, bâtie

par les bienfaits de l'illuſtre Maiſon Pallavicini, n'eſt pas moins digne d'être remarquée ; elle n'offre qu'or, marbre, & peinture. Une troupe d'Anges qui élévent S. Philippe au Ciel, fait d'une ſeule piéce de marbre blanc, eſt fort eſtimé des connoiſſeurs. Le plus beau morceau de peinture, eſt un Enfant-Jéſus qui tend les bras à un Religieux ; on ne peut rien voir de plus naturel. Dans la même Egliſe, on vous fait obſerver quelques Statues de marbre très-bien imitées.

Voilà, mon cher D... tout ce qui ſe trouve de plus remarmarquable dans la fameuſe Ville de Génes. Une plume plus ſublime que la mienne auroit pû vous en faire une plus noble déſcription ; mais je doute qu'elle eût été plus véritable. Adieu. N'oubliez jamais un malheureux qui ne cessera d'être,

Mon cher ami,

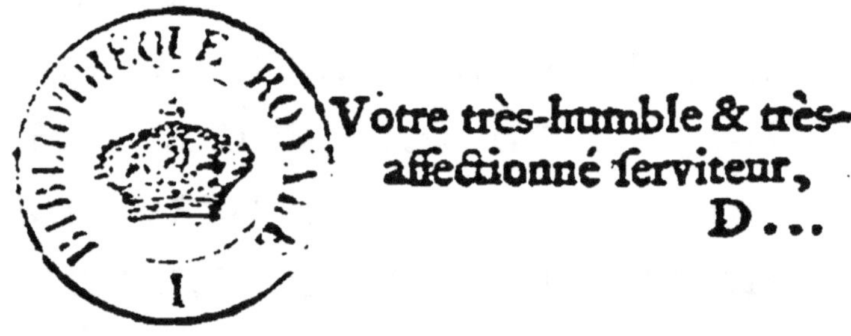

Votre très-humble & très-affectionné serviteur,
D...

LU & approuvé, ce 24. Octobre 1741.
CREBILLON.

Vû l'Approbation du Sieur Crébillon, permis d'imprimer. A Paris, ce 24. Octobre 1741.
MARVILLE.

Regiſtré sur le Livre de la Communauté des Libraires & Imprimeurs de Paris, N°. 2162. conformément aux Réglemens, & notamment à l'Arrêt de la Cour du Parlement du 3. Décembre 1705. A Paris, le 9. Novembre 1741.
SAUGRAIN, *Syndic.*

www.ingramcontent.com/pod-product-compliance
Lightning Source LLC
LaVergne TN
LVHW020447230826
846091LV00004B/1581

9782013625944